RUDOLF STEINER

PRAKTISCHE AUSBILDUNG DES DENKENS

RUDOLF STEINER

Praktische Ausbildung des Denkens

Ein Vortrag, gehalten in Karlsruhe
am 18. Januar 1909

1973
RUDOLF STEINER VERLAG
DORNACH/SCHWEIZ

Nach einer vom Vortragenden für die erste Auflage
durchgesehenen Nachschrift
herausgegeben von der Rudolf Steiner-Nachlaßverwaltung

Die Herausgabe besorgte Ernst Weidmann

EINZELAUSGABE

1. Auflage Stuttgart 1921
7. Auflage (40.–44. Tsd.) Stuttgart–Rendsburg 1948
11. Auflage Dornach 1970
12. Auflage Dornach 1973

Sonderdruck aus Bibliographie-Nr. 108:
«Die Beantwortung von Welt- und Lebensfragen durch Anthroposophie»
Rudolf Steiner Gesamtausgabe 1970

PRAKTISCHE AUSBILDUNG DES DENKENS

Karlsruhe, 18. Januar 1909

Es könnte sonderbar erscheinen, wenn gerade Anthroposophie sich berufen fühlt, über praktische Ausbildung des Denkens zu sprechen, denn von den Außenstehenden wird sehr häufig die Meinung vertreten, Anthroposophie sei etwas im eminentesten Sinne Unpraktisches, sie habe mit dem Leben nichts zu tun. Solche Anschauung kann nur bestehen, wenn man die Dinge äußerlich, oberflächlich betrachtet. In Wahrheit aber soll das in Betracht Kommende ein Leitfaden sein fürs alleralltäglichste Leben; es soll sich in jedem Augenblick umwandeln können in Empfindung und Gefühl und es uns möglich machen, dem Leben sicher gegenüberzutreten und darin festzustehen.

Es bilden sich die Leute, die sich praktisch nennen, ein, nach den allerpraktischsten Grundsätzen zu handeln. Geht man der Sache aber näher, so wird man finden, daß das sogenannte «praktische Denken» oft überhaupt kein Denken ist, sondern ein Fortwursteln in anerzogenen Urteilen und Denkgewohnheiten. Wenn Sie absolut objektiv das Denken der Praktiker beobachten und das, was man gewöhnlich Denkpraxis nennt, prüfen, so werden Sie finden, daß da zum Teil sehr wenig wirkliche Praxis dahintersteckt, sondern was man Praxis nennt, besteht darin, daß man gelernt hat: Wie hat der Lehrmeister gedacht, wie hat derjenige gedacht, der dieses oder jenes vorher fabriziert hat, und wie richtet man sich nach dem? – Und wer anders denkt, den hält man für einen unpraktischen Menschen; denn das Denken stimmt ja nicht überein mit dem, was einem nun einmal anerzogen ist.

Wenn aber wirklich einmal etwas Praktisches erfunden wurde, so wurde das zunächst keineswegs von einem Praktiker gemacht. Betrachten wir zum Beispiel unsere heutige Briefmarke. Es wäre doch das Allernächstliegende, zu meinen, daß diese von einem Praktiker des Postwesens erfunden worden wäre. Dem ist aber nicht so. Anfang des letzten Jahrhunderts, da war es noch eine sehr umständliche Sache, einen Brief aufzugeben. Wollte jemand einen Brief fortschicken, so mußte er an die betreffende Stelle gehen, wo die Briefe aufgegeben werden konnten, und es mußten hier verschiedene Bücher nachgeschlagen werden, und allerlei Umständlichkeiten waren damit verknüpft. Daß man ein solches einheitliches Porto haben kann, wie man es heute gewohnt ist, das ist kaum etwas über sechzig Jahre her. Und unsere heutige Briefmarke, die das ermöglicht, ist nicht erfunden worden von einem praktischen Postmenschen, sondern von einem Menschen, der der Post ferne stand, von dem Engländer *Hill.*

Und als die Briefmarke erfunden war, da sagte der betreffende Minister im englischen Parlament, der für das Postwesen damals in Betracht kam: Ja, erstens kann man nicht annehmen, daß wirklich durch diese Vereinfachung der Verkehr sich so ungeheuer vermehrt, wie dies dieser unpraktische Hill sich ausmalt, und zweitens, angenommen selbst, es wäre so, dann würde das Postgebäude in London ja nicht ausreichen für diesen Verkehr. Diesem großen Praktiker ist es aber nicht im entferntesten eingefallen, daß das Postgebäude sich nach dem Verkehr und nicht der Verkehr sich nach dem Postgebäude richten müsse. Nun hat sich in verhältnismäßig denkbar kürzester Zeit das durchgesetzt, was damals von einem «Unpraktiker» gegenüber einem «Praktiker» erkämpft werden mußte: ganz selbstverständlich ist es heute, daß der Brief mit der Briefmarke befördert wird.

Ähnlich verhält es sich bei der Eisenbahn. Als im Jahre 1835 die erste Eisenbahn in Deutschland von Nürnberg nach Fürth gebaut werden sollte, wurde von dem bayerischen Medizinalkollegium, das darüber gehört wurde, ein Sachverständigen-Gutachten dahin abgegeben, daß es nicht ratsam sei, Eisenbahnen zu bauen; sollte es aber doch beabsichtigt werden, so müsse wenigstens rechts und links der Eisenbahn eine hohe Bretterwand hergestellt werden, damit vorübergehende Menschen nicht etwa Nerven- und Gehirnerschütterungen erlitten.

Als die Bahnlinie Potsdam–Berlin gebaut werden sollte, sagte Generalpostmeister Nagler: Ich lasse täglich zwei Postwagen nach Potsdam fahren, und die sind nicht besetzt; wenn die Leute ihr Geld absolut zum Fenster hinauswerfen wollen, dann sollen sie es doch gleich unmittelbar tun. – Die realen Tatsachen des Lebens gehen eben über die «Praktiker» hinweg, über diejenigen, die da glauben, sie seien Praktiker. Man muß unterscheiden, was wahres Denken ist, von der sogenannten Denkpraxis, die nur ein Urteilen nach anerzogenen Denkgewohnheiten ist.

Eine kleine Erfahrung, die ich selbst einmal gemacht habe, will ich Ihnen erzählen und sie an die Spitze unserer heutigen Betrachtung stellen: Während meiner Studienzeit kam einmal ein junger Kollege zu mir voll Freude, wie man sie gerade bei Leuten, die eine recht pfiffige Idee gehabt haben, bemerkt, und sagte: Ich muß jetzt gerade zum Professor Radinger gehen – der damals an der Hochschule den Maschinenbau vertrat –, denn ich habe eine großartige Erfindung gemacht: Ich habe erfunden, wie man mit Aufwendung von ganz wenig Dampfkraft, die man einmal aufwendet, durch Umsetzen eine ungeheure Arbeitsmenge leisten kann mittels einer Maschine. – Mehr konnte er mir nicht sagen, er hatte es sehr eilig, zu dem Professor zu gehen. Nun traf er aber den betreffenden Professor nicht, und er kam zurück und setzte mir die ganze Sache auseinander. Die Geschichte hatte mir gleich etwas nach Perpetuum mobile gerochen – aber, nicht wahr, warum sollte auch so etwas nicht schließlich einmal möglich sein? – Doch nachdem er mir alles erklärt hatte, mußte ich ihm sagen: Ja, sieh einmal, die Sache ist zwar recht scharfsinnig ausgedacht, aber im Praktischen ist das ein Verhältnis, das sich genau vergleichen läßt damit, daß sich jemand in einen Eisenbahnwagen hineinstellt, furchtbar stark anschiebt und meint, der Wagen führe dann fort. So ist das Prinzip des Denkens bei deiner Erfindung. – Er hat es dann auch eingesehen und ist nicht wieder zu dem Professor gegangen.

So kann man sich gewissermaßen einkapseln mit seinem Denken. An ganz besonderen seltenen Fällen zeigt sich dieses Einkapseln auch deutlich; aber im Leben kapseln sich viele Menschen so ein, und es zeigt sich nicht immer so auffällig wie in unserem Beispiel. Derjenige aber, der die Sache etwas intimer beobachten kann, weiß, daß so eine große Anzahl menschlicher Denkprozesse verläuft: er sieht oft, wie sozusagen die Menschen im Wagen stehen und von innen schieben und nun meinen, daß sie es sind, die den Wagen vorwärtsbringen. Vieles von dem, was im Leben vor sich geht, würde ganz anders vor sich gehen, wenn die Menschen nicht solche im Wagen stehende Schieber wären.

Wirkliche Praxis des Denkens setzt voraus, daß man die richtige Gesinnung, das richtige Gefühl zum Denken gewinnt. Wie kann man eine richtige Stellung zum Denken gewinnen? Niemand kann das richtige Gefühl zum Denken haben, der glaubt, daß das Denken etwas sei, das sich nur innerhalb des Menschen, in seinem Kopf oder in seiner Seele abspiele. Wer diesen Gedanken hat, der wird fortwährend von einem falschen Gefühl davon abgelenkt werden, eine richtige Denkpraxis zu suchen, die nötigen Anforderungen an sein Denken zu stellen. Wer das richtige Gefühl erlangen will gegenüber dem Denken, der muß sich sagen: Wenn ich mir Gedanken machen kann über die Dinge, wenn ich durch Gedanken etwas ergründen kann über die Dinge, so müssen die Gedanken erst darinnen sein in den Dingen. Die Dinge müssen nach den Gedanken aufgebaut sein, nur dann kann ich die Gedanken auch herausholen aus den Dingen.

Der Mensch muß sich vorstellen, daß es mit den Dingen draußen in der Welt so ist wie mit einer Uhr. Der Vergleich des menschlichen Organismus mit einer Uhr wird sehr häufig gebraucht; aber die Leute vergessen dabei meist das Wichtigste, daß auch ein Uhrmacher vorhanden ist. Man muß sich klar darüber sein, daß nicht von selber zusammengelaufen sind die Räder und sich zusammengefügt haben und machen, daß die Uhr geht, sondern daß es einmal einen Uhrmacher zuvor gegeben hat, der diese Uhr zusammengefügt hat. Den Uhrmacher darf man nicht vergessen. Durch Gedanken ist die Uhr zustande gekommen, die Gedanken sind gleichsam ausgeflossen in die Uhr, in das Ding. Auch alles, was Naturwerke, Naturgeschehnisse sind, muß man sich so vorstellen. Bei dem, was Menschenwerk ist, da läßt sich das schnell veranschaulichen, bei Naturwerken dagegen, da kann das der Mensch nicht so leicht bemerken, und doch sind auch sie geistige Wirksamkeiten, und dahinter stehen spirituelle Wesenheiten. Und wenn der Mensch denkt über die Dinge, so denkt er nur über das nach, was zuerst in sie hineingelegt worden ist. Der Glaube, daß die Welt durch Denken hervorgebracht worden ist und sich noch fortwährend so hervorbringt, der erst macht die eigentliche innere Denkpraxis fruchtbar.

Es ist immer der Unglaube gegenüber dem Geistigen in der Welt, der selbst auf wissenschaftlichem Boden die schlimmste Unpraxis des Denkens hervorbringt. Zum Beispiel, wenn jemand sagt: Unser Planetensystem ist so entstanden, daß zuerst ein Urnebel da war, der fing an zu rotieren, ballte sich zusammen zu einem Zentralkörper, von ihm spalteten sich ab Ringe und Kugeln, und so entstand mechanisch das ganze Planetensystem –, so macht der, der das sagt, einen großen Denkfehler. Schön niedlich bringt man das heute den Menschen bei. In einem niedlichen Experiment zeigt man es heute in jeder Schule: In ein Glas Wasser bringt man einen Tropfen Fett, schiebt eine Nadel durch diesen Fettropfen und bringt das Ganze in Rotation. Da sondern sich dann vom großen Tropfen kleine Tröpfchen ab, und man hat da ein Planetensystem im kleinen, und dem Schüler – so meint man – anschaulich gezeigt, wie rein mechanisch sich das bilden kann. Unpraktisches Denken nur kann an diesen niedlichen Versuch solche Folgerungen anknüpfen, denn der Betreffende, der das überträgt auf das große Weltensystem, der vergißt nur meist etwas, was sonst vielleicht ganz gut ist zu vergessen, er vergißt sich selbst, er vergißt, daß er selbst ja die Sache in Rotation gebracht hat. Wäre er nicht dagewesen und hätte das Ganze gemacht, so wäre niemals die Teilung des Fettropfens in die Tröpfchen entstanden. Wenn der Mensch das auch beobachtete und auf das Planetensystem übertrüge, dann erst wäre vollständiges Denken aufgewendet. Solche Denkfehler spielen heute, besonders auch in dem, was man heute Wissenschaft nennt, eine ungeheuer große Rolle. Diese Dinge sind viel wichtiger, als man gewöhnlich denkt.

Wenn man von wirklicher Denkpraxis reden will, muß man wissen, daß Gedanken nur aus einer Welt herauszuholen sind, in der auch wirklich schon Gedanken darinnen sind. Wie man Wasser nur aus einem Glase schöpfen kann, in dem Wasser wirklich darinnen ist, so kann man Gedanken nur aus Dingen schöpfen, in denen sie darinnen sind. Die Welt ist nach Gedanken aufgebaut; nur deshalb kann man Gedanken auch herausholen aus ihr. Wenn das nicht wäre, dann könnte überhaupt keine Denkpraxis zustande kommen. Dann aber, wenn der Mensch zu Ende empfindet, was hier ausgesprochen worden ist, dann wird er über alles abstrakte Denken leicht hinwegzubringen sein. Wenn der Mensch das volle Vertrauen hat, daß hinter den Dingen Gedanken stehen, daß die realen Tatsachen des Lebens nach Gedanken verlaufen, dann, wenn er diese Empfindung hat, dann wird er leicht sich bekehren zu einer Denkpraxis, die auf Wirklichkeit, Realität gebaut ist.

Wir wollen nun etwas von jener Denkpraxis hinstellen, die insbesondere für diejenigen, die auf anthroposophischem Boden stehen, wichtig ist. Wer davon durchdrungen ist, daß die Welt der Tatsachen in Gedanken verläuft, der wird die Wichtigkeit der Ausbildung richtigen Denkens einsehen. Nehmen wir nun an, es sagt sich jemand: Ich will mein Denken so befruchten, daß es wirklich im Leben sich immer zurechtfindet –, so muß er sich an das halten, was jetzt gesagt werden soll. Und was nun angegeben wird, das ist so aufzufassen, daß es tatsächlich praktische Grundsätze sind, und daß es, wenn man immer wieder und wieder danach trachtet, sein Denken danach einzurichten, gewisse Wirkungen hat, daß das Denken dann praktisch wird, wenn es vielleicht auch anfangs nicht so ausschaut. Ja, es stellen sich für das Denken noch ganz andere Erfahrungen ein, wenn man solche Grundsätze durchführt.

Nehmen wir an, jemand versucht folgendes: Er beobachtet heute sorgfältig einen Vorgang in der Welt, der ihm zugänglich ist, den er möglichst genau beobachten kann, sagen wir zum Beispiel die Witterung. Er beobachtet die Wolkenfiguration am Abend, die Art, wie die Sonne untergegangen ist und so weiter, und er bildet sich nun genau das Bild ein von dem, was er beobachtet hat. Er versucht die Vorstellung, dieses Bild eine Zeitlang festzuhalten in allen Einzelheiten; er hält soviel wie möglich von dieser Vorstellung fest und sucht sie sich zu bewahren bis morgen. Morgen beobachtet er ungefähr um dieselbe Zeit, oder aber auch zu einer anderen Zeit, wiederum die Witterungsverhältnisse, und er versucht, sich wiederum ein genaues Bild von den Verhältnissen zu machen.

Wenn er auf diese Weise sich genaue Bilder von aufeinanderfolgenden Zuständen macht, so wird es für ihn außerordentlich deutlich werden, wie er sein Denken allmählich innerlich bereichert und intensiv macht, denn dasjenige, was das Denken unpraktisch macht, das ist, daß der Mensch gewöhnlich zu sehr geneigt ist, in den aufeinanderfolgenden Vorgängen in der Welt das, was die Einzelheiten sind, wegzulassen und nur ganz allgemeine, verschwommene Vorstellungen zu behalten. Das Wertvolle, das Wesentliche, was das Denken befruchtet, ist, gerade in aufeinanderfolgenden Vorgängen sich genau Bilder zu formen und sich dann zu sagen: Gestern war die Sache so, heute ist sie so –, und dabei die beiden Bilder, die in der wirklichen Welt auseinanderliegen, sich möglichst bildlich auch vor die Seele zu rücken.

Es ist dies zunächst nichts anderes als ein spezieller Ausdruck für das Vertrauen in die Gedanken der Realität. Der Mensch soll nicht etwa sofort irgendwelche Schlüsse ziehen und aus dem, was er heute beobachtete, schließen, was nun morgen für Witterung sein wird. Das würde sein Denken korrumpieren. Er soll vielmehr das Vertrauen haben, daß draußen in der Realität die Dinge ihren Zusammenhang haben, daß das Morgige mit dem Heutigen irgendwie zusammenhängt. Er soll nicht spekulieren darüber, sondern das, was zeitlich aufeinanderfolgt, nur zuerst in möglichst genauen Vorstellungsbildern in sich selbst nachdenken und dann diese Bilder zunächst nebeneinanderstehen und sie ineinander übergehen lassen. Dies ist ein ganz bestimmter Denkgrundsatz, den man ausführen muß, wenn man wirklich sachgemäßes Denken entwickeln will. Es ist gut, diesen Grundsatz gerade an solchen Dingen durchzuführen, die man noch nicht versteht, bei denen man noch nicht eingedrungen ist in den inneren Zusammenhang. Deshalb soll man gerade bei solchen Vorgängen, von denen man noch nichts versteht, wie zum Beispiel die Witterung, das Vertrauen haben, daß sie, die draußen zusammenhängen, auch in uns Zusammenhänge bewirken; und das soll mit Enthaltung vom Denken geschehen, nur in Bildern. Man muß sich sagen: Ich weiß noch nicht den Zusammenhang, aber ich werde diese Dinge in mir werden lassen, und sie werden in mir etwas bewirken, wenn ich gerade die Enthaltung vom Spekulieren übe. – Sie werden leicht glauben können, daß, wenn der Mensch so, mit Enthaltung vom Denken, sich möglichst genaue Bildvorstellungen macht von aufeinanderfolgenden Vorgängen, daß da etwas vorgehen kann in den unsichtbaren Gliedern des Menschen.

Der Mensch hat den astralischen Leib als Träger des Vorstellungslebens. Dieser astralische Leib ist, solange der Mensch spekuliert, der Sklave des Ich. Aber er geht nicht in dieser bewußten Tätigkeit auf, er steht auch in einer gewissen Beziehung zum ganzen Kosmos.

In demselben Maße nun, in dem wir uns enthalten, unsere Denk-willkür wirken zu lassen, in dem wir ganz enthaltsam bloß Bildvor-stellungen von aufeinanderfolgenden Ereignissen uns machen, in dem-selben Maße wirken die inneren Gedanken der Welt in uns und prägen sich unserem Astralleib ein, ohne daß wir es wissen. Wie wir uns fügen in den Gang der Welt durch Beobachtung der Vorgänge in der Welt und die Bilder möglichst ungetrübt in unsere Gedanken auf-nehmen und in uns wirken lassen, in demselben Maße werden wir in den Gliedern, die unserem Bewußtsein entzogen sind, immer gescheiter. Wenn wir es dann einmal können, bei solchen Vorgängen, die in einem inneren Zusammenhang stehen, das neue Bild in das andere übergehen zu lassen, wie sich dieser Übergang in der Natur vollzogen hat, dann werden wir nach einiger Zeit sehen, daß unser Denken so etwas be-kommen hat wie eine gewisse Geschmeidigkeit.

So sollen wir vorgehen bei Dingen, die wir noch nicht verstehen; aber Dingen gegenüber, die wir verstehen, sollen wir uns etwas anders ver-halten, zum Beispiel Vorgängen unseres alltäglichen Lebens gegenüber, die sich um uns abspielen. Es habe zum Beispiel irgend jemand, viel-leicht der Nachbar, dieses oder jenes getan. Wir denken nach: Warum hat er das getan? – Wir denken uns, er habe es vielleicht heute getan als Vorbereitung für etwas, das er morgen tun wolle. Nun sagen wir nichts weiter, sondern wir stellen uns genau vor, was er getan hat und versuchen nun, uns ein Bild auszumalen von dem, was er morgen tun werde. Wir stellen uns vor: Das wird er morgen tun – und warten ab, was er wirklich tun werde. Es kann sein, daß wir morgen bemerken, er tut wirklich das, was wir uns ausgemalt haben. Es kann auch sein, daß er etwas anderes tut. Wir werden sehen, was geschieht, und suchen unsere Gedanken danach zu verbessern.

So suchen wir uns in der Gegenwart Ereignisse, die wir in Gedanken in die Zukunft hinein verfolgen, und warten ab, was sich ereignet. Wir können das machen mit dem, was Menschen tun, und mit anderen Din-gen. Wo wir eben etwas verstehen, da suchen wir uns ein Bild zu ma-chen von dem, was nach unserer Meinung geschehen wird. Tritt das Er-wartete ein, so war unser Denken richtig; und es ist gut. Geschieht etwas anderes, als was wir erwartet haben, dann versuchen wir darüber nachzudenken, worin wir den Fehler gemacht haben, und versuchen so, unsere falschen Gedanken zu korrigieren durch ruhiges Beobachten und Prüfen, woran der Fehler lag, woraus es entspringt, daß es so gekommen ist. Haben wir das Richtige getroffen, dann wollen wir uns aber ganz besonders sorgfältig davor hüten, zu prunken mit unserer Prophetie: Ja, das habe ich gestern schon gewußt, daß das so kommt!

Das war wiederum ein Grundsatz, aus dem Vertrauen entspringend, daß eine innere Notwendigkeit in den Dingen und Ereignissen selbst liegt, daß in den Tatsachen selbst etwas liegt, das die Dinge vorwärtstreibt. Und was da drinnen arbeitet von heute auf morgen, das sind Gedankenkräfte. Vertiefen wir uns in die Dinge, dann werden wir dieser Gedankenkräfte uns bewußt. Diese Gedankenkräfte machen wir in unserem Bewußtsein gegenwärtig durch solche Übungen, und dann stimmen wir überein mit ihnen, wenn sich das erfüllt, was wir vorausgesehen haben; dann stehen wir mit der realen Denktätigkeit der Sache in einem inneren Zusammenhang. So gewöhnen wir uns daran, nicht willkürlich, sondern aus der inneren Notwendigkeit, der Natur der Dinge heraus, zu denken.

Aber auch nach anderer Richtung können wir unsere Denkpraxis schulen. Irgendein Ereignis, das heute geschieht, steht auch in Beziehung zu dem, was gestern geschehen ist, zum Beispiel irgendein Junge ist ungezogen gewesen; welches können die Ursachen sein? Wir verfolgen die Ereignisse zurück von heute auf gestern, wir konstruieren uns die Ursachen, die wir nicht wissen. Wir sagen uns: Ich glaube, weil heute dies geschieht, so hat sich das gestern oder vorgestern durch dieses oder jenes vorbereitet.

Man unterrichtet sich dann darüber, was wirklich geschehen ist, und erkennt dadurch, ob man richtig gedacht hat. Hat man die richtige Ursache gefunden, so ist es gut; hat man sich eine falsche Vorstellung gemacht, so versuche man, sich die Fehler klarzumachen und zu finden, wie der Gedankenprozeß sich entwickelt hat und wie er in der Wirklichkeit abgelaufen ist.

Diese Grundsätze auszuführen, ist das Bedeutsame: daß wir wirklich Zeit finden, die Dinge so zu betrachten, als ob wir in den Dingen drin wären mit unserem Denken, daß wir uns hineinversenken in die

Dinge, in die innere Gedankentätigkeit der Dinge. Wenn wir das tun, dann merken wir nach und nach, wie wir förmlich zusammenwachsen mit den Dingen, wie wir gar nicht mehr das Gefühl haben, daß die Dinge draußen sind und wir drinnen und über sie nachdenken, sondern ein Gefühl bekommen, wie wenn unser Denken sich in den Dingen drinnen bewegte. Wenn der Mensch das in hohem Grade erreicht hat, so kann ihm manches klarwerden.

Ein Mensch, der in hohem Grade erreicht hatte, was so zu erreichen ist, ein solcher Denker, der immer in den Dingen drinnenstand mit seinen Gedanken, das war *Goethe*. Der Psychologe *Heinroth* hat 1822 in seinem «Lehrbuch der Anthropologie» gesagt, daß Goethes Denken ein gegenständliches Denken sei. Goethe selbst hat sich über diese Bemerkung gefreut. Sie sollte besagen, solches Denken sondere sich nicht ab von den Dingen; es bleibe in den Dingen drinnen, es bewege sich innerhalb der Notwendigkeit der Dinge. Goethes Denken war zugleich ein Anschauen, sein Anschauen zugleich ein Denken.

Goethe hat es sehr weit gebracht in solchem entwickelten Denken. So ist es mehr als einmal vorgekommen: Goethe hatte irgend etwas vor, ging zum Fenster und sagte zu dem, der gerade da war: In drei Stunden wird es regnen –; und es geschah so. Er konnte aus dem kleinen Ausschnitt des Himmels, den er durchs Fenster sah, sagen, was in den nächsten Stunden vorgehen werde in den Witterungsverhältnissen. Sein treues, in den Dingen bleibendes Denken hatte es ihm möglich gemacht, zu spüren, was sich da vorbereitete aus dem vorhergehenden als das spätere Ereignis.

Wirklich viel mehr kann man erreichen durch ein praktisches Denken, als man gewöhnlich meint. – Wenn man das hat, was nun geschildert wurde, an Grundsätzen für das Denken, dann wird man bemerken, daß nun wirklich das Denken praktisch wird, daß der Blick sich erweitert und man die Dinge der Welt ganz anders ergreift als ohne dies. Der Mensch wird nach und nach sich ganz anders stellen zu den Dingen und auch zu den Menschen. Es ist ein wirklicher Prozeß, der in ihm vorgeht, der sein ganzes Verhalten verändert. Es kann von ungeheurer Wichtigkeit sein, daß der Mensch tatsächlich versucht, so mit den Dingen durch sein Denken zusammenzuwachsen; denn es ist ein im eminentesten Sinne praktischer Grundsatz für das Denken, solche Übungen zu machen.

Eine andere Sache ist eine Übung, die insbesondere diejenigen Leute machen sollten, denen gewöhnlich im rechten Moment nicht das Rechte einfällt. Dasjenige, was solche Menschen machen sollten, das besteht darin, daß sie vor allen Dingen versuchen sollen, nicht bloß so zu denken, daß sie sich in jedem Augenblick dem hingeben, was der Weltenlauf so mit sich bringt, was die Dinge so mit sich bringen. Es ist ja das Allerhäufigste, daß, wenn der Mensch einmal eine halbe Stunde sich hinlegen kann, um sich auszuruhen, daß er dann seine Gedanken spielen läßt. Dann spinnt sich das so aus ins Hundertste und Tausendste. Oder es beschäftigt ihn vielleicht diese oder jene Sorge im Leben – flugs ist sie in sein Bewußtsein geschlichen und er ist ganz in Anspruch genommen von ihr. Macht der Mensch dieses, so wird er niemals dazu kommen, im richtigen Moment den richtigen Einfall zu haben. Will er das erreichen, so muß er sich folgendermaßen verhalten. Hat er eine halbe Stunde Zeit sich auszuruhen, so muß er sich sagen: Ich will, so oft ich Zeit habe, über etwas nachdenken, was ich mir selbst auswähle, was ich nur durch meine Willkür in mein Bewußtsein hereinbringe. Ich will jetzt zum Beispiel über irgend etwas, was ich vielleicht früher erlebt habe, vielleicht bei einem Spaziergang vor zwei Jahren, nachdenken, ich will die damaligen Erlebnisse ganz willkürlich in mein Denken hereinbringen und will darüber – sei es vielleicht nur fünf Minuten – nachdenken. Alles übrige, fort damit für diese fünf Minuten! Selbst wähle ich mir das, worüber ich nachdenken will. Die Wahl braucht nicht einmal so schwierig zu sein, wie ich gerade gesagt habe. Darauf kommt es gar nicht an, daß man zunächst durch schwierige Übungen in seinen Denkprozeß hineinwirkt, sondern daß man sich herausreißt aus dem, in was man hineingezogen wird durch das Leben. Es muß nur etwas sein, was herausfällt aus dem, wohinein man gesponnen wird durch den gewöhnlichen Tagesverlauf. Und wenn man an Einfallslosigkeit leidet, wenn einem gerade nichts anderes einfällt, so kann man sich zu Hilfe kommen, indem man ein Buch aufschlägt und über das nachdenkt, was man gerade liest auf den ersten Blick. Oder auch, man sagt sich: Ich werde heute einmal über das nachdenken, was ich sah, als ich zu bestimmter Zeit vormittags ins Geschäft gegangen bin und das ich sonst würde unberücksichtigt gelassen haben. Es muß eben etwas sein, was aus dem gewöhnlichen Tageslauf herausfällt, worüber man sonst nicht nachgedacht hätte.

Macht man solche Übungen systematisch immer und immer wieder, dann tritt das ein, daß man Einfälle kriegt zur rechten Zeit, daß einem zur richtigen Zeit das einfällt, was einem einfallen soll. Das Denken wird dadurch in Beweglichkeit kommen, und das ist ungeheuer bedeutungsvoll für den Menschen im praktischen Leben.

Eine andere Übung ist besonders geeignet, auf das Gedächtnis zu wirken. Man versucht zunächst, sich in der groben Art, wie man sich gewöhnlich an Dinge erinnert, an irgendein Ereignis, sagen wir von gestern, zu erinnern. Gewöhnlich sind die Erinnerungen der Menschen ja grau in grau; in der Regel ist man ja zufrieden, wenn einem nur der Name des Menschen einfällt, dem man gestern begegnet ist. Aber damit dürfen wir nicht zufrieden sein, wenn wir unser Gedächtnis ausbilden wollen. Das müssen wir uns klarmachen. Wir müssen systematisch folgendes treiben, wir müssen uns sagen: Ich will mich ganz genau erinnern an den Menschen, den ich gestern gesehen habe, auch an welcher Hausecke ich ihn gesehen habe; was noch um ihn herum war. Das Bild will ich mir genau ausmalen; auch seinen Rock, seine Weste will ich mir bildlich genau vorstellen. – Da werden die meisten Menschen bemerken, daß sie das gar nicht können, daß ihnen das gar nicht möglich ist. Sie werden bemerken, wieviel ihnen fehlt, um eine wirkliche bildhafte Vorstellung zu bekommen von dem, was ihnen gestern begegnet ist und was sie gestern erlebt haben.

Wir müssen nun zunächst ausgehen von den weitaus meisten Fällen, in denen der Mensch nicht in der Lage ist, sich das wieder in Erinnerung zu rufen, was er gestern erlebt hat. Die Beobachtung der Menschen ist eine wirklich im höchsten Maße ungenaue. – Ein Versuch eines Universitätsprofessors mit seinen Hörern hat gezeigt, daß von dreißig Anwesenden nur zwei den Vorgang richtig, die anderen achtundzwanzig dagegen falsch beobachtet hatten. – Ein gutes Gedächtnis ist nun aber das Kind einer treuen Beobachtung. Zur Entwickelung des Gedächtnisses kommt es also gerade darauf an, daß man genau beobachte.

Ein gutes Gedächtnis erringt man durch treue Beobachtung, auf einem gewissen seelischen Umwege wird das treue Gedächtnis als Kind einer guten Beobachtung geboren.

Wenn man nun aber das nicht kann, zunächst sich genau erinnern an das, was man gestern erlebt hat, was tut man da? Zunächst versuche man, sich möglichst genau zu erinnern, und wo man sich nicht erinnert, da versuche man nun tatsächlich sich etwas Falsches vorzustellen, nur etwas Ganzes soll es sein. Nehmen wir an, Sie hätten ganz vergessen, ob jemand, der Ihnen begegnet ist, einen braunen oder einen schwarzen Rock angehabt hat, so stellen Sie sich vielleicht vor, er habe einen braunen Rock und braune Beinkleider angehabt; er habe solche und solche Knöpfe an der Weste gehabt, die Halsbinde war gelb – und da war jene Situation, die Wand war gelb, links ist ein großer, rechts ein kleiner Mensch vorbeigegangen und so weiter.

Das, woran man sich erinnert, das stellt man sich hinein in das Bild; nur das, woran man sich nicht erinnern kann, das ergänzt man, um nur im Geiste ein vollständiges Bild zu gewinnen. Das Bild ist ja dann zunächst falsch, aber dadurch, daß Sie sich bemühen, ein vollständiges Bild zu bekommen, dadurch werden Sie angeleitet, von jetzt ab genauer zu beobachten. Und das setzen Sie fort, solche Übungen zu machen. Und wenn Sie das fünfzigmal gemacht haben, so werden Sie das einundfünfzigste Mal ganz genau wissen, wie derjenige, der Ihnen begegnet ist, ausgesehen hat, was er angehabt hat; Sie werden sich genau an alles erinnern, bis auf die Westenknöpfe. Sie werden dann nichts mehr übersehen, und es prägt sich Ihnen jede Einzelheit ein. Sie haben so zuerst Ihren Beobachtungssinn geschärft durch die Übungen und dann eine Aufbesserung in der Treue Ihres Gedächtnisses als das Kind des Beobachtungssinnes hinzubekommen.

Besonders gut ist, darauf zu sehen, nicht bloß Namen und einzelne Hauptzüge dessen zu behalten, an was man sich erinnern will, sondern möglichst bildhafte Vorstellungen zu erhalten suchen, die sich auf alle Einzelheiten erstrecken; und wenn man sich an etwas nicht erinnern kann, so sucht man das Bild zunächst zu ergänzen, es zu einem Ganzen zu konstruieren. – Dann werden wir bald sehen – wie auf Umwegen scheint es –, daß unser Gedächtnis nach und nach treu wird.

So sehen wir, wie man tatsächlich – wie Handgriffe – angeben kann dasjenige, wodurch der Mensch sein Denken immer praktischer und praktischer machen kann. Besonders wichtig ist noch das Folgende: Der Mensch hat eine gewisse Sehnsucht, wenn er sich etwas überlegt, zu einem Resultat zu kommen. Er überlegt sich, wie er dieses oder jenes machen soll, und er kommt zu diesem oder jenem Resultat. Das ist ein sehr begreiflicher Trieb. Das ist aber nicht dasjenige, was einen zum praktischen Denken führt. Jedes Überhasten im Denken bringt nicht vorwärts, sondern bringt zurück. Man muß Geduld haben in diesen Dingen.

Du sollst zum Beispiel dieses oder jenes ausführen: Du kannst das nun so oder so machen, es liegen verschiedene Möglichkeiten vor. Nun habe man die Geduld und versuche sich vorzustellen, was da werden würde, wenn man es so ausführte, und versuche sich auch vorzustellen, wie es anders aussehen würde. Nun wird es ja immer Gründe geben, warum man das eine oder das andere vorziehen möchte, aber nun enthalte man sich, sofort einen Entschluß zu fassen, sondern bemühe sich, zwei Möglichkeiten auszumalen und sich dann zu sagen: So, jetzt Schluß, jetzt höre ich auf, über die Sache nachzudenken.

Es wird Menschen geben, die werden zapplig werden dabei; und es ist dann schwierig, die Zappligkeit zu überwinden, aber es ist ungeheuer nützlich, sie zu überwinden und sich zu sagen: Es geht so und es geht so, und nun denke ich eine Weile nicht daran. Wenn man kann, so hebe man die Sache, das Handeln bis zum nächsten Tage auf und halte sich dann die zwei Möglichkeiten wieder vor, und man wird finden, daß die Dinge sich mittlerweile verändert haben, daß wir am nächsten Tage anders, gründlicher wenigstens uns entscheiden, als wir am Vortage uns entschieden hätten. Die Dinge haben eine innere Notwendigkeit in sich, und wenn wir nicht ungeduldig willkürlich handeln, sondern diese innere Notwendigkeit arbeiten lassen in uns – und sie wird in uns arbeiten –, so wird sie unser Denken bereichert erscheinen lassen am nächsten Tage und uns eine richtigere Entscheidung ermöglichen. Das ist ungeheuer nützlich!

Man wird zum Beispiel um Rat gefragt über dieses oder jenes, man hat irgend etwas zu entscheiden. Da habe man die Geduld, nicht gleich hineinzuplatzen mit seinen Entscheidungen, sondern sich zunächst verschiedene Möglichkeiten vorzulegen und bei sich selbst keine Entscheidung darüber zu treffen, sondern ruhig die Möglichkeiten walten zu lassen. Man sagt ja auch im Volksmunde, man müsse eine Sache beschlafen, ehe man sie entscheide. Das Beschlafen allein tut es aber nicht. Es ist notwendig, zwei oder besser mehrere Möglichkeiten zu bedenken, die dann in einem fortarbeiten, wenn man sozusagen nicht mit seinem bewußten Ich dabei ist, und dann später wieder auf die Sache zurückzukommen. Man wird sehen, daß man auf diese Weise innere Denkkräfte rege macht und das Denken dadurch immer sachgemäßer und praktischer wird.

Und was der Mensch auch immer ist in der Welt, ob er am Schraubstock oder hinter dem Pflug steht oder ob er einer der sogenannten bevorzugten Berufsklassen angehört –, über die alleralltäglichsten Dinge wird er ein praktischer Denker werden, wenn er diese Dinge übt. So übend greift und sieht er die Dinge in der Welt ganz anders an. Und so innerlich sich diese Übungen zuerst auch ansehen, sie taugen gerade für die Außenwelt, sie tragen gerade für die Außenwelt die denkbar größte Bedeutung in sich; sie haben wichtige Folgen.

Ich will Ihnen an einem Beispiel zeigen, wie notwendig es ist, wirklich praktisch über die Dinge zu denken: Irgend jemand ist auf einer Leiter hinaufgestiegen auf einen Baum und hat da irgend etwas gemacht; er fällt herunter, schlägt auf und ist tot. Nun, nicht wahr, es ist ein naheliegender Gedanke, daß der sich da durch den Fall totgeschlagen hat. Man wird sagen, daß der Fall die Ursache, der Tod die Wirkung war. Da scheinen Ursache und Wirkung zusammenzuhängen. Darinnen können nun greuliche Verwechslungen vorliegen. – Es kann den da oben ein Herzschlag getroffen haben, so daß er infolge des Herzschlages heruntergefallen ist. Es ist genau dasselbe eingetroffen, wie wenn er lebendig heruntergefallen wäre, er hat dieselben Dinge durchgemacht, die wirklich seine Todesursache hätten sein können. – So kann man Ursache und Wirkung vollständig verwechseln. Hier in diesem Beispiel ist es auffällig; oft aber ist es nicht so auffällig, was man verfehlt hat. Solche Denkfehler kommen ungeheuer häufig vor, ja es muß gesagt werden, daß in der Wissenschaft heute tagtäglich solche Urteile gefällt werden, wo wirklich in einer solchen Art Ursache und Wirkung verwechselt werden. Das begreifen die Menschen nur nicht, weil sie sich nicht die Denkmöglichkeit vorhalten.

Ein Beispiel soll noch gegeben werden, das Ihnen ganz anschaulich machen kann, wie solche Denkfehler zustande kommen, und das Ihnen zeigt, daß sie einem Menschen, der solche Übungen gemacht hat, wie sie heute angegeben wurden, nicht mehr passieren werden. Nehmen Sie folgendes an: Ein Gelehrter sagt sich, daß der Mensch, wie er heute ist, vom Affen abstammt; also: das, was ich in den Affen kennenlerne, die Kräfte im Affen, die vervollkommnen sich, und daraus wird dann der Mensch. – Nun, um jetzt die Gedankenbedeutung der Sache darzutun, wollen wir einmal folgende Voraussetzung machen: Denken wir einmal, der Mensch, der diesen Schluß anstellen soll, der wäre durch irgendeinen Umstand ganz allein auf die Erde versetzt. Außer ihm wären nur diejenigen Affen da, von denen seine Theorie sagt, daß Menschen aus ihnen entstehen können. Er studiert nun diese Affen ganz genau, er bildet sich bis in die Einzelheiten einen Begriff von dem, was da ist in den Affen. Nun soll er versuchen, aus dem Begriff des Affen den Begriff des Menschen entstehen zu lassen, wenn er noch nie einen Menschen gesehen hat. Er wird sehen, daß er das nie zustande bringt: Sein Begriff «Affe» verwandelt sich nie in den Begriff des Menschen.

Wenn er richtige Denkgewohnheiten hätte, so müßte er sich sagen: Also, mein Begriff, der wandelt sich in mir nicht so um, daß aus dem Affenbegriff der Menschenbegriff wird, also kann dasjenige, was ich sehe im Affen, nicht zum Menschen werden, denn sonst müßte mein Begriff auch übergehen. Es muß also noch etwas hinzukommen, was ich nicht sehen kann. – Dieser Mensch also müßte hinter dem sinnlichen Affen etwas Übersinnliches sehen, was er nicht wahrnehmen kann, was dann erst zum Menschen übergehen könnte.

Wir wollen auf die Unmöglichkeit der Sache nicht eingehen, sondern nur den Denkfehler zeigen, der hinter jener Theorie liegt. Wenn der Mensch richtig denken würde, so würde er darauf geführt werden, daß er nicht so denken darf, wenn er nicht etwas Übersinnliches voraussetzen will. Wenn Sie über die Sache nachdenken, so werden Sie schon sehen, daß hier von einer ganzen Reihe von Menschen ein überwältigender Denkfehler gemacht worden ist. Solche Fehler werden nicht mehr gemacht werden von dem, der in der angegebenen Weise sein Denken schult.

Ein großer Teil unserer ganzen heutigen Literatur, besonders auch der naturwissenschaftlichen, wird für den, der wirklich richtig zu denken vermag, durch solche krummen, verkehrten Gedanken eine Quelle von Wirkungen bis zu physischen Schmerzen, wenn er sich durch sie hindurchlesen muß. – Es soll dadurch absolut nichts gesagt werden gegen die ungeheure Summe von Beobachtungen, die durch diese Naturwissenschaft und ihre objektiven Methoden gewonnen worden ist.

Nun kommen wir auf ein Kapitel, das zusammenhängt mit der Kurzsichtigkeit des Denkens. Es ist wirklich so, daß der Mensch gewöhnlich nicht weiß, daß sein Denken gar nicht sehr sachgemäß, sondern zum größten Teil nur eine Folge von Denkgewohnheiten ist. So werden denn auch die Urteile für den, der die Welt und das Leben durchschaut, sich ganz anders gestalten als für den, der diese nicht oder nur wenig durchschaut, zum Beispiel einen materialistischen Denker. – Durch Gründe so jemanden zu überzeugen, wenn sie auch noch so gediegen und noch so gut sind, das geht nicht leicht. Denjenigen, der das Leben wenig kennt, durch Gründe zu überzeugen suchen, ist oft vergebliche Mühe, weil er ja gar nicht die Gründe einsieht, aus denen dieses oder jenes behauptet werden kann. Wenn er sich angewöhnt hat, in allem zum Beispiel nur Materie zu sehen, so haftet er eben an dieser Denkgewohnheit.

Es sind heute im allgemeinen nicht die Gründe, die jemanden zu Behauptungen führen, sondern hinter den Gründen sind es die Denkgewohnheiten, die er sich angeeignet hat und die sein ganzes Fühlen und Empfinden beeinflussen. Wenn er Gründe vorbringt, da stellt sich nur vor sein Fühlen und Empfinden die Maske des gewohnten Denkens. So ist oft nicht nur der Wunsch der Vater des Gedankens, sondern es sind alle Gefühle und Denkgewohnheiten die Eltern der Gedanken. Derjenige, der das Leben kennt, weiß, wie wenig durch logische Gründe jemand zu überzeugen ist im Leben. Da entscheidet viel Tieferes in der Seele als die logischen Gründe.

Wenn wir zum Beispiel unsere anthroposophische Bewegung haben, so hat es gewiß seine guten Gründe, daß wir sie haben und daß sie arbeitet in ihren Zweigen. Jeder merkt dadurch, daß er eine Zeitlang mitarbeitet an der Bewegung, daß er sich ein anderes Denken, Fühlen und Empfinden angeeignet hat. Denn durch das Arbeiten in den Zweigen beschäftigt man sich nicht bloß damit, die logischen Gründe zu finden für etwas, sondern ein umfassenderes Fühlen und Empfinden eignet man sich an.

Wie spottete unter Umständen vor ein paar Jahren ein Mensch, der zum ersten Male einen geisteswissenschaftlichen Vortrag hörte – und heute, wieviel Dinge sind ihm nun durchaus klar und durchsichtig, die er vielleicht vor einiger Zeit noch für etwas höchst Absurdes gehalten hätte! Wir wandeln, indem wir an der anthroposophischen Bewegung mitarbeiten, nicht bloß unsere Gedanken um, sondern wir lernen, unsere ganze Seele in eine weitere Perspektive hineinzubringen. Wir müssen uns klar darüber sein, daß die Färbung unserer Gedanken aus viel tieferen Untergründen herauskommt, als man gewöhnlich meint. Es sind gewisse Empfindungen, gewisse Gefühle, die dem Menschen eine Meinung aufdrängen. Die logischen Gründe sind oft nur eine Verbrämung, sind nur die Masken für Gefühle, Empfindungen und Denkgewohnheiten.

Sich dahin zu bringen, daß einem die logischen Gründe etwas bedeuten, dazu gehört, daß man die Logik selbst lieben lernt. Erst wenn man die Objektivität, das Sachgemäße lieben lernt, werden die logischen Gründe entscheidend werden. Man lernt allmählich, sozusagen unabhängig von der Vorliebe für diesen oder jenen Gedanken, objektiv denken, und dann erweitert sich der Blick, und man wird praktisch; nicht so praktisch, daß man nur in ausgefahrenen Bahnen weiter urteilen kann, sondern so, daß man aus den Dingen heraus denken lernt.

Wirkliche Praxis ist ein Kind des sachgemäßen Denkens, des aus den Dingen herausfließenden Denkens. Wir lernen erst, uns von den Dingen anregen zu lassen, wenn wir solche Übungen machen; und zwar an gesunden Dingen müssen solche Übungen gemacht werden. Das sind solche Dinge, an denen die menschliche Kultur möglichst wenig Anteil hat, die am wenigsten verkehrt sind: an Naturobjekten. Und an Naturobjekten so üben, wie wir das heute beschrieben haben, das macht uns zu praktischen Denkern. Das ist wirklich praktisch. Die alleralltäglichste Beschäftigung wird praktisch angegriffen werden, wenn wir das Grundelement schulen: das Denken. Indem wir die menschliche Seele so üben, wie das ausgeführt worden ist, bildet sich praktische Denkorientierung.

Es muß die Frucht der geisteswissenschaftlichen Bewegung sein, daß sie wirklich Praktiker ins Leben stellt. Es ist nicht so wichtig, daß der Mensch dieses oder jenes für wahr halten kann, sondern daß er es dahin bringe, die Dinge richtig zu überschauen. Viel wichtiger ist die Art und Weise, wie Anthroposophie eindringt in unsere Seele und uns anleitet zur Tätigkeit unserer Seele und unseren Blick erweitert, als daß wir bloß über die sinnlichen Dinge hinaus- und ins Geistige hineintheoretisieren. Darin ist die Anthroposophie etwas wahrhaft Praktisches.

Das ist eine wichtige Mission der anthroposophischen Bewegung, daß durch sie des Menschen Denken in Bewegung gebracht wird, so geschult wird, daß er denkt, daß der Geist hinter den Dingen steht. Wenn die anthroposophische Bewegung diese Gesinnung entfacht, dann wird sie eine Kultur begründen, aus der nie ein solches Denken hervorgehen wird, daß die Leute von innen den Wagen anschieben wollen. Das fließt ganz von selbst in die Seele hinein. Wenn die Seele gelernt hat, über die großen Tatsachen des Lebens zu denken, dann denkt sie auch über den Suppenlöffel richtig. Und nicht nur in bezug auf das, was den Suppenlöffel betrifft, werden die Menschen praktischer werden, sie werden auch lernen, einen Nagel praktischer einzuschlagen, ein Bild praktischer aufzuhängen, als sie das sonst getan hätten. Das ist von großer Bedeutung, daß wir das seelisch-geistige Leben als ein Ganzes betrachten lernen und daß wir durch solche Anschauung alles praktischer und praktischer gestalten lernen.

HINWEISE

Der Text folgt in allem Wesentlichen wörtlich einer stenographischen Nachschrift. Da der Vortrag schon zu Lebzeiten Rudolf Steiners in Buchform (Stuttgart 1921) veröffentlicht wurde, ist anzunehmen, daß einige kleinere Abweichungen, insbesondere am Schluß, auf eine von ihm selbst erfolgte Durchsicht des Textes zurückzuführen sind.

Der letzte Abschnitt wurde erst für die Ausgabe 1958 nach erneuter Prüfung der stenographischen Nachschrift hinzugefügt.

Rudolf Steiner hat über dieses Thema auch noch am 11. Februar 1909 in Berlin gesprochen (siehe Vortrag X in «Wo und wie findet man den Geist?» Gesamtausgabe Dornach 1961, Bibl.-Nr. 57), ferner in Nürnberg am 13. Februar 1909. Von diesem Vortrag existiert keine Nachschrift. Ein im Archiv befindlicher Text ohne Orts- und Datumangabe dürfte vermutlich eine Nachschrift dieses Vortrages sein. Dieser Text, der zu den schon vorliegenden Ausführungen interessante Ergänzungen gibt, wird in den «Beiträgen zur Rudolf Steiner Gesamtausgabe» veröffentlicht werden.

zu Seite:

6 *unsere heutige Briefmarke... erfunden... von dem Engländer Hill:* Sir Rowland Hill, 1795–1879. Seine 1837 in London erschienene Schrift «Post office reform, its importance and practicability» erregte Aufsehen, da er u. a. zur Vereinheitlichung des Portos die Verwendung von Briefmarken vorschlug. 1840 wurden die ersten Wertzeichen ausgegeben. Hill wurde 1846 zum Sekretär und später zum Leiter des Postwesens ernannt.

wurde von dem bayrischen Medizinalkollegium... ein Sachverständigen-Gutachten abgegeben: Dieses wird erwähnt in «Die erste deutsche Eisenbahn» von R. Hagen, S. 45.

Generalpostmeister Nagler: Karl Ferdinand Friedrich von Nagler, 1770–1846.

9 *In einem niedlichen Experiment zeigt man es heute in jeder Schule:* Der sog. Plateausche Versuch, entwickelt von dem Physiker J. A. F. Plateau, 1801–1883.

14 *Johann Christian August Heinroth:* 1773–1843. Siehe «Lehrbuch der Anthropologie», Gotha 1822, S. 387 f. (2. Ausg. Leipzig 1831, S. 453 f.).

Goethe selbst hat sich über diese Bemerkung gefreut: Siehe den Aufsatz «Bedeutende Fördernis durch ein einziges geistreiches Wort» in «Goethes Naturwissenschaftliche Schriften», hg. von Rudolf Steiner, Bd. II (= Kürschners Dtsch. Nat. Lit. Bd. 115), S. 31 ff.

RUDOLF STEINER GESAMTAUSGABE

A. SCHRIFTEN

I. *Werke*

Einleitungen zu den Naturwissenschaftlichen Schriften Goethes (1883/97)

Grundlinien einer Erkenntnistheorie der Goetheschen Weltanschauung (1886)

Wahrheit und Wissenschaft (1892)

Die Philosophie der Freiheit (1894)

Friedrich Nietzsche, ein Kämpfer gegen seine Zeit (1895)

Goethes Weltanschauung (1897)

Die Mystik im Aufgange des neuzeitlichen Geisteslebens
und ihr Verhältnis zur modernen Weltanschauung (1901)

Das Christentum als mystische Tatsache und die Mysterien des Altertums (1902)

Theosophie. Einführung in übersinnliche Welterkenntnis
und Menschenbestimmung (1904)

Wie erlangt man Erkenntnisse der höheren Welten? (1904/05)

Aus der Akasha-Chronik (1904/08)

Die Stufen der höheren Erkenntnis (1905/08)

Die Geheimwissenschaft im Umriß (1910)

Vier Mysteriendramen (1910/13)

Die geistige Führung des Menschen und der Menschheit (1911)

Anthroposophischer Seelenkalender (1912)

Ein Weg zur Selbsterkenntnis des Menschen (1912)

Die Schwelle der geistigen Welt (1913)

Die Rätsel der Philosophie in ihrer Geschichte als Umriß dargestellt (1914)
erweiterte Neuausgabe des Werkes: «Welt- und Lebensanschauungen
im neunzehnten Jahrhundert» (1900/1901)

Vom Menschenrätsel (1916)

Von Seelenrätseln (1917)

Goethes Geistesart in ihrer Offenbarung durch seinen Faust
und durch das Märchen «von der Schlange und der Lilie» (1918)

Die Kernpunkte der sozialen Frage in den Lebensnotwendigkeiten
der Gegenwart und Zukunft (1919)

Aufsätze über die Dreigliederung des sozialen Organismus
und zur Zeitlage 1915–1921

Kosmologie, Religion und Philosophie (1922)

Anthroposophische Leitsätze (1924/25)

Grundlegendes für eine Erweiterung der Heilkunst nach geisteswissenschaftlichen Erkenntnissen (1925). Von Dr. Rudolf Steiner und Dr. Ita Wegman

Mein Lebensgang (1923/25)

II. *Gesammelte Aufsätze*

Aufsätze aus den Jahren 1882–1902
Aufsätze aus den Jahren 1903–1908
Aufsätze aus den Jahren 1911–1925

III. *Veröffentlichungen aus dem Nachlaß*

Wahrspruchworte, Fragmente, Entwürfe, Briefe und Aufzeichnungen

B. VORTRÄGE

I. *Öffentliche Vorträge*

II. *Vorträge vor Mitgliedern der Anthroposophischen Gesellschaft*

Vortragszyklen und Vorträge allgemein-anthroposophischen Inhalts
Vorträge zur Geschichte der anthroposophischen Bewegung
und der Anthroposophischen Gesellschaft

III. *Vorträge und Kurse zu einzelnen Lebensgebieten*

Vorträge über Kunst: Eurythmie, Sprachgestaltung, Musik,
bildende Künste und Kunstgeschichte·
Vorträge über Erziehung
Vorträge über Medizin
Vorträge über Naturwissenschaft
Vorträge über das soziale Leben und über die Dreigliederung
des sozialen Organismus
Vorträge für die Arbeiter am Goetheanumbau

Das Vortragswerk umfaßt annähernd 6000 Vorträge,
von denen zum größten Teil Nachschriften vorliegen.

C. REPRODUKTIONEN UND VERÖFFENTLICHUNGEN AUS DEM KÜNSTLERISCHEN NACHLASS

Die Bände sind nicht numeriert, jedoch in den einzelnen
Gruppen einheitlich ausgestattet. Sie sind einzeln erhältlich.

———

Rudolf Steiner. Das literarische und künstlerische Werk
Eine bibliographische Übersicht 1961/1966